mes grandes découvertes
GALLIMARD JEUNESSE

Les dinosaures

Édition originale publiée en Grande-Bretagne en 2013 par Dorling Kindersley Limited, sous le titre : Eyewonder : *Dinosaur*

Responsable éditorial Thomas Dartige
Suivi éditorial Anne-Flore Durand
Réalisation de l'édition française Agence Juliette Blanchot, Paris
Traduction Cléa Blanchard, Sabine Boccador
Couverture Valentina Lepore
Photogravure de couverture SCAN+

ISBN : 978-2-07-065305-8

Loi n° 49-956 du 16 juillet 1949
sur les publications destinées à la jeunesse
Premier dépôt légal : septembre 2013
Dépôt légal : septembre 2014
Numéro d'édition : 270066

Imprimé par Hung Hing en Chine

Gallimard Jeunesse
5, rue Gaston Gallimard
75328 Paris Cedex 07
France

Sommaire

Équipement de survie

Les dinosaures étaient équipés pour survivre. Les carnivores possédaient des dents et des griffes redoutables, tandis que les herbivores se protégeaient des prédateurs grâce à leur taille gigantesque ou une carapace impressionnante.

À retenir

- Les dinosaures sont les plus grands animaux de tous les temps. Seules certaines baleines comme la baleine bleue les surpassent en taille.
- Des reptiles volants et marins ont vécu à la même époque que les dinosaures, mais aucun dinosaure ne savait voler ou n'a vécu sous l'eau.

Quelle époque !

Les dinosaures ont vécu pendant l'ère secondaire, appelée aussi le Mésozoïque. Cette ère, commencée il y a 248 millions d'années, a duré 150 millions d'années et se divise en trois périodes : le Trias, le Jurassique et le Crétacé.

Le Trias :
-248 à -206 millions d'années

Le monde du Trias

Au Trias, il n'y a sur Terre qu'un seul et unique continent appelé la Pangée. Il est entouré d'un océan immense, la Panthalassa.

Au commencement

Les premiers petits dinosaures apparaissent au Trias. Comme la plupart d'entre eux, le carnivore herrerasaure marche sur ses pattes arrière.

Le monde du Jurassique

Après plusieurs millions d'années, la Pangée se divise en deux continents : le Gondwana et la Laurasie. Différentes populations de dinosaures s'y développent.

Le Jurassique :
-206 à -144 millions d'années

Des espèces géantes

Dans les grandes forêts de conifères de la fin du Jurassique vivent d'immenses dinosaures : les sauropodes au long cou. Dans l'océan vivent d'autres reptiles, dont les ichthyosaures.

Le Crétacé :
-144 à -65 millions d'années

Le monde du Crétacé

La séparation des continents continue : la Terre commence à ressembler à ce qu'elle est aujourd'hui. Les chaînes montagneuses des Andes et des Rocheuses datent de cette période.

L'âge d'or des dinosaures

Parmi la multitude des dinosaures du Crétacé, on distingue les herbivores à cornes comme le pentacératops, et les imposants carnivores comme le tyrannosaure.

Les squelettes

Les squelettes racontent beaucoup de choses. Les dents et les os informent sur la nourriture des dinosaures, les cornes indiquent comment ils se défendaient, tandis que la taille du crâne permet d'évaluer leur intelligence.

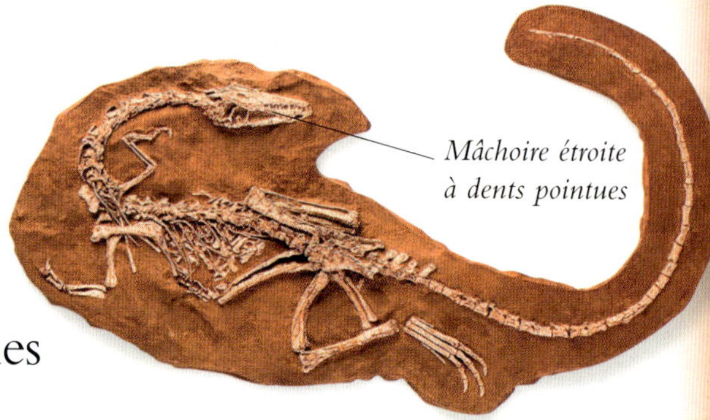

Petit, long et rapide

Les pattes du squelette fossilisé de ce cœlophysis sont plutôt longues comparées à la taille de son corps. Ce dinosaure de 3 m de long pouvait courir vite.

Les herbivores à pointes

Apparu à la fin du Jurassique, le stégosaure mesurait près de 3 m de haut. Des plaques osseuses recouvraient son dos. Il se défendait avec sa queue souple, dotée de pointes.

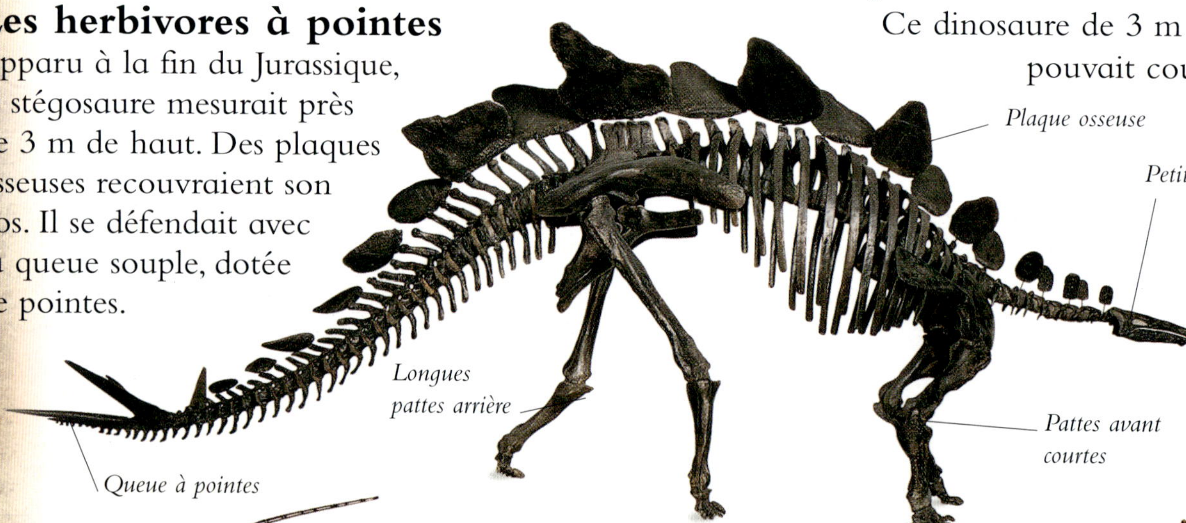

Le tyrannosaure aurait pu avaler une personne entière.

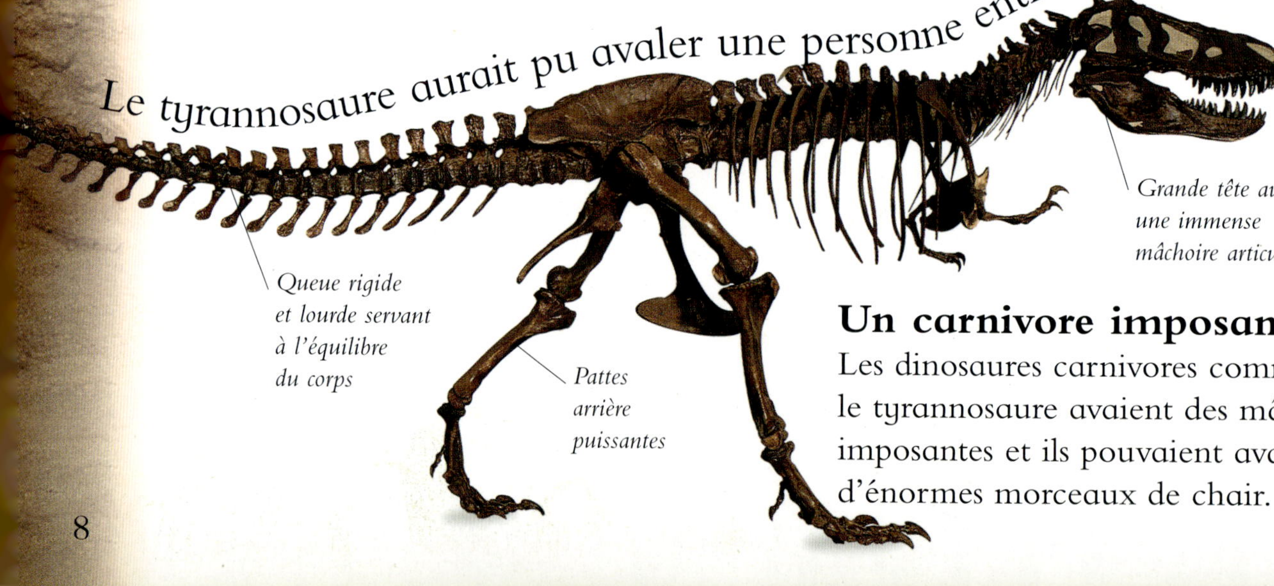

Un carnivore imposant

Les dinosaures carnivores comme le tyrannosaure avaient des mâchoires imposantes et ils pouvaient avaler d'énormes morceaux de chair.

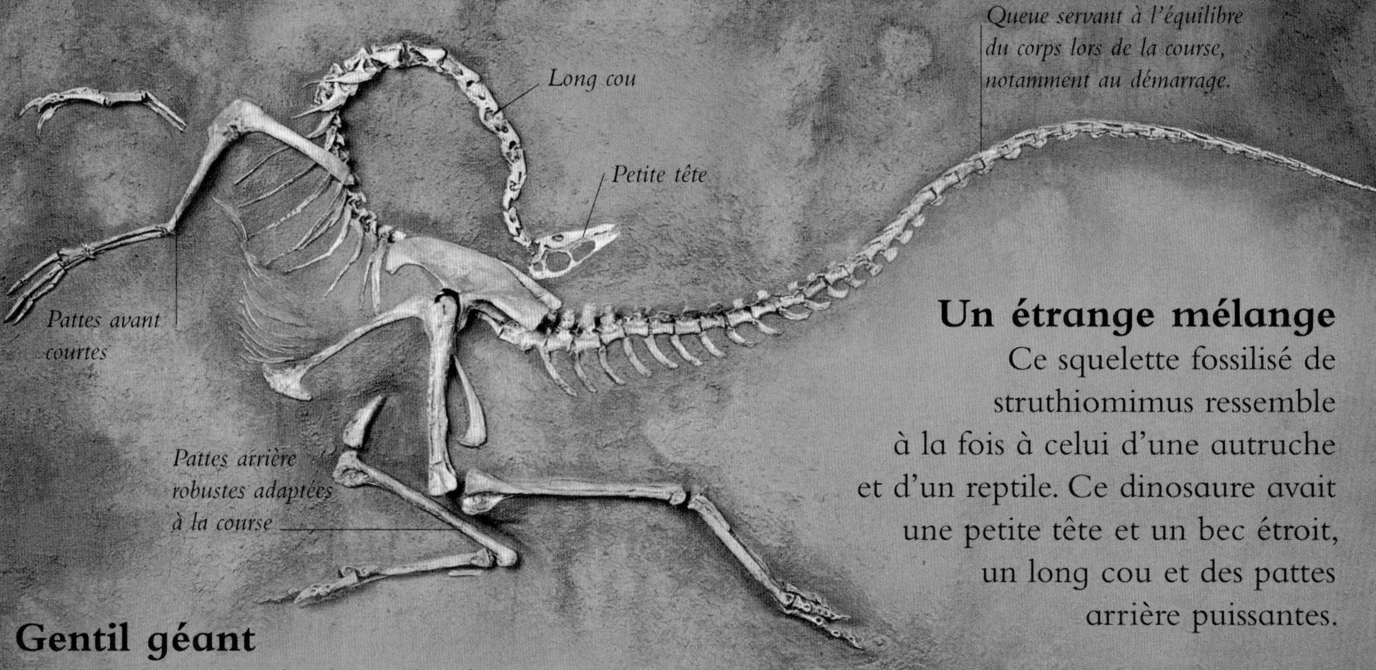

Un étrange mélange

Ce squelette fossilisé de struthiomimus ressemble à la fois à celui d'une autruche et d'un reptile. Ce dinosaure avait une petite tête et un bec étroit, un long cou et des pattes arrière puissantes.

Gentil géant

Le diplodocus, le plus long des dinosaures, avait une petite cervelle dans un tout petit crâne ! De plus, malgré sa longueur impressionnante, il n'était pas plus lourd que deux grands éléphants.

De la tête à la queue, le diplodocus mesurait près de 27,20 m.

Une tête à cornes

Le tricératops, apparu à la fin du Crétacé, était chassé par le tyrannosaure. Ses cornes devaient lui servir à se défendre. Cet herbivore était doté d'un bec crochu résistant mais dépourvu de dents.

Des dinosaures différents

On a remarqué que le bassin des dinosaures pouvait avoir deux aspects bien différents : soit il ressemblait à celui des oiseaux, soit à celui des lézards.

Le saltasaure géant est apparu à la fin du Crétacé.

Un bassin de lézard…

Ce groupe comprend des dinosaures carnivores comme le tyrannosaure, ainsi que des sauropodes herbivores comme le diplodocus.

… ou d'oiseau

Tous les dinosaures à bassin d'oiseau étaient des herbivores. Les dinosaures les plus connus appartiennent à ce groupe.

L'iguanodon vivait au Crétacé. Il mesurait 9,30 m de long.

À retenir

- Curieusement, les scientifiques pensent que nos oiseaux descendent des dinosaures à bassin de lézard et non de ceux à bassin d'oiseau.
- On connaît aujourd'hui 300 espèces de dinosaures, mais on en découvre régulièrement de nouvelles.

Le tyrannosaure (fin du Crétacé) mesurait plus de 6 m de haut.

Le gallimimus (fin du Crétacé) devait courir très vite. On pense qu'il atteignait 70 km/h.

Le tricératops est apparu au Crétacé. Ses trois cornes pointues mesuraient 90 cm de long.

Le stégosaure (fin du Jurassique) avait un bec sans dents et une minuscule cervelle !

Les fougères

Comme il n'y avait alors pas d'herbes, les dinosaures herbivores comme le stégosaure se nourrissaient de fougères qui couvraient le sol des forêts et de graines de pommes de pin.

À retenir

- Les dinosaures à bec de canard pouvaient mastiquer des plantes robustes grâce à leurs mâchoires et leurs dents puissantes.
- Les plantes à fleurs se sont multipliées très rapidement, se répandant bientôt sur toute la surface de la Terre.

Un monde vivant

À l'époque des dinosaures, le climat était très chaud et ensoleillé. Il y avait de grands déserts et des forêts de conifères et de fougères.

Un festin de fleurs

Des plantes à fleurs, semblables aux magnolias, sont apparues au Crétacé. Elles ont certainement servi de nourriture aux dinosaures herbivores.

Indestructibles !

Certains insectes actuels voltigeaient déjà dans le ciel. Ainsi cette libellule fossilisée, qui vivait il y a 140 millions d'années, ressemble beaucoup à celles d'aujourd'hui.

Les cycadales

Les cycadales, plantes à l'aspect de palmiers et de fougères, couvraient le sol des forêts. Elles poussent encore dans certaines parties du monde mais elles sont rares.

Premiers arbres

Ces arbres aux feuilles triangulaires et piquantes, appelés « désespoir des singes », sont apparus sur la Terre bien avant les dinosaures.

Minuscule

Le mégazostrodon est l'un des premiers petits mammifères. Cette espèce à fourrure est minuscule.

Au ras du sol

Les petits carnivores comme le compsognathus chassaient les lézards et les insectes. Ils poursuivaient rapidement leurs proies dans une végétation basse.

De terribles carnivores

Le tyrannosaure, le plus connu des dinosaures, était l'un des plus grands carnivores et un chasseur redoutable.

Petit mais rapide

Le compsognathus avait la taille d'une dinde. Avec ses longues pattes, il était bâti pour la course. Il pouvait ainsi chasser rapidement ses proies.

Petits et grands

Des dinosaures de toutes sortes et de toutes tailles ont existé. Certains étaient aussi petits qu'un oiseau, tandis que d'autres, à l'image des sauropodes géants à long cou, étaient aussi grands qu'un immeuble de cinq étages!

Gratte-ciel
Les immenses sauropodes tels que le barosaure pouvaient brouter les feuilles à la cime des plus hauts arbres. Ils étaient si grands qu'aucun animal n'osait les attaquer.

Se déplacer

On a longtemps pensé que tous les dinosaures étaient lents et lourds. C'était le cas, en effet, des dinosaures quadrupèdes à pattes robustes. Mais d'autres étaient plus athlétiques, dont les dinosaures dits « à l'allure d'autruche », les plus rapides d'entre eux.

À pas lents

Avec son corps énorme et ses pattes courtes, le saltasaure, de la famille des sauropodes, était le plus lent des dinosaures. Il devait aller à la même vitesse que toi, quand tu marches.

Le galliminus devait atteindre la vitesse

Une bonne foulée

Le gallimimus aurait été le plus rapide des dinosaures. Son corps léger et ses longues pattes lui permettaient d'échapper aux prédateurs.

Traces de pas

Les empreintes de pas permettent de savoir si un dinosaure était bipède ou quadrupède, et s'il avançait au pas, au trot ou au galop.

Coureurs nés

Comme les autruches, le gallimimus pouvait, grâce à ses longues pattes, faire de grandes enjambées. Mais contrairement à elles, il se servait de sa longue queue comme d'un balancier.

de 70 km/h, il était plus rapide qu'un cheval de course.

Hop là !

Nous ignorons si les dinosaures carnivores couraient vite. En revanche, nous savons que leurs pattes avant étaient trop courtes pour les équilibrer en cas de chute ; on a retrouvé un allosaure avec 14 côtes cassées : il avait dû se blesser de lui-même en poursuivant sa proie !

Un gentil géant

Le barosaure était un sauropode immense avec un long cou musclé. Il devait se dresser sur ses pattes arrière pour brouter le feuillage à la cime des arbres. Sa longue queue l'aidait à garder l'équilibre.

Les herbivores

Les dinosaures au long cou, ou sauropodes, ont été les plus gros herbivores de tous les temps. La plupart vivaient au Jurassique. D'autres herbivores de petite taille ont existé avant, pendant et après le règne de ces géants. Les voici.

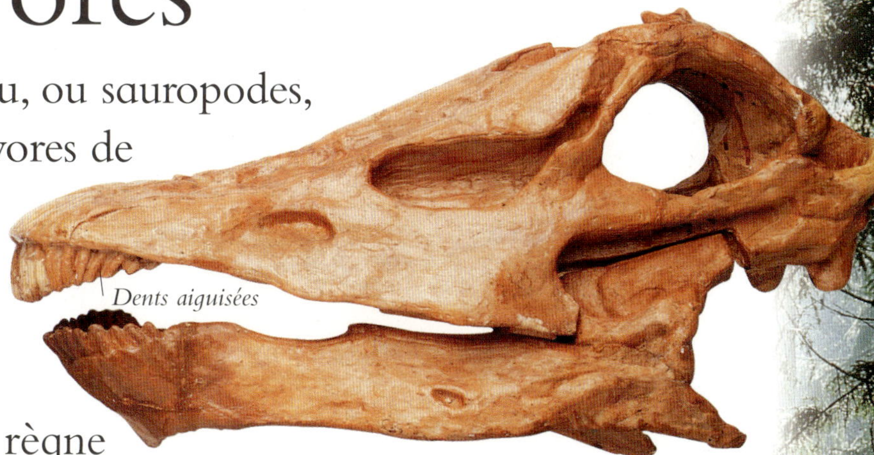

Des dents coupantes

Les dents placées à l'avant de sa mâchoire permettaient au diplodocus d'arracher les feuilles des arbres. Ce sauropode devait se nourrir de conifères, cycadales ou fougères.

Un bec avec des dents !

Les hadrosaures possédaient un bec de canard, muni de plus de 40 rangées de dents pour arracher les feuilles. Ils se nourrissaient probablement d'aiguilles de pin, de graines, de brindilles et de végétation basse.

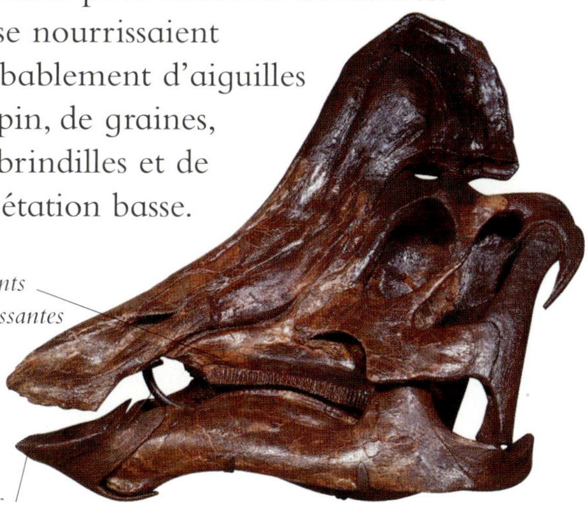

Des mangeurs de pierres

Certains sauropodes comme l'apatosaure avalaient chaque jour d'importantes quantités de végétaux pour nourrir leur corps massif. Comme ils ne mastiquaient pas les plantes coriaces avant de les avaler, ils ingurgitaient des cailloux qui broyaient la nourriture dans leur estomac.

Au ras du sol

Alors que les immenses sauropodes atteignaient la cime des arbres, d'autres dinosaures plus petits, se nourrissaient de végétation basse. Ainsi de l'edmontonia, qui mangeait surtout des fougères et de la mousse.

À retenir

- Les dinosaures possédaient sûrement une excellente vue, une bonne ouïe et un odorat développé pour sentir le danger.
- Ils devaient émettre des cris pour prévenir le troupeau de l'arrivée de prédateurs.
- Les hadrosaures sont des dinosaures « à bec de canard ».

Les amis de la forêt

De grands troupeaux d'hadrosaures, tels ces corythosaures, vivaient dans les forêts du Crétacé. Grâce à leurs sabots, ils pouvaient traverser facilement les marécages.

Les dinosaures à bec de canard stockaient la nourriture dans leurs joues.

Les troupeaux

Certains dinosaures herbivores vivaient en troupeaux. Ils pouvaient ainsi se prévenir les uns les autres en cas de danger. On pense qu'ils voyageaient ensemble pour trouver de la nourriture.

L'union fait la force !
Il est plus difficile pour des prédateurs d'attaquer un animal dans un troupeau qu'une proie isolée. Aujourd'hui, un million de bêtes sauvages vivent en troupeaux.

Certains hadrosaures portaient une étrange crête sur la tête.

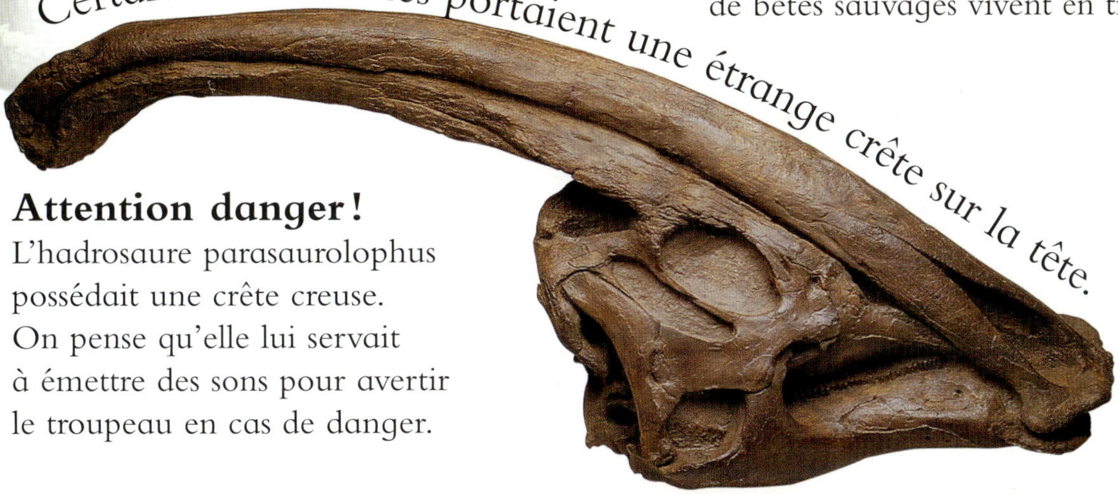

Attention danger !
L'hadrosaure parasaurolophus possédait une crête creuse. On pense qu'elle lui servait à émettre des sons pour avertir le troupeau en cas de danger.

Une corne de défense
Les troupeaux devaient se regrouper pour se défendre. Les tricératops auraient formé un cercle de protection, les cornes vers l'extérieur, pour affronter l'attaquant.

La migration des dinosaures
Certains troupeaux de dinosaures parcouraient sans doute d'incroyables distances pour trouver de la verdure. C'est le cas des pachyrhinosaures qui, chaque printemps, auraient voyagé du Canada au nord de l'Alaska, à la recherche de grandes plantes à feuillage.

Les carnivores

Pendant la période du Crétacé, de gigantesques carnivores ont vécu sur la Terre. Gare à ceux qui se trouvaient sur leur chemin !

À retenir

- Le tyrannosaure avait 60 dents, longues et pointues comme des lames de couteau.
- Le gigantosaure était le plus grand carnivore. Cette énorme créature pesait 8 tonnes !

Le roi des reptiles

Le tyrannosaure est l'un des plus gros carnivores de tous les temps.

Un pêcheur redoutable

Le suchomimus, dont la tête allongée évoque celle du crocodile, était un gros mangeur de poissons. Il pêchait dans les rivières et les lacs à l'aide de ses larges mâchoires et de ses pattes griffues.

Les mâchoires puissantes étaient dotées de plus de 100 dents aussi tranchantes que des rasoirs.

Une énorme mâchoire

Tout comme le suchomimus, le baryonyx vivait au bord de l'eau et se nourrissait de poissons. Ses mâchoires tout comme sa grande griffe recourbée étaient très efficaces pour pêcher.

Un crâne effrayant

L'albertosaure, de la famille des tyrannosaures, était redoutable avec ses énormes crocs recourbés et sa grande rapidité.

UN CHASSEUR À LA TÊTE DURE !

Le tyrannosaure était un chasseur féroce. Comme sa taille immense l'empêchait de courir vite, on pense qu'il devait d'abord assommer sa proie en chargeant tête la première avant de l'empoigner avec ses pattes avant pour la dévorer !

À l'attaque !

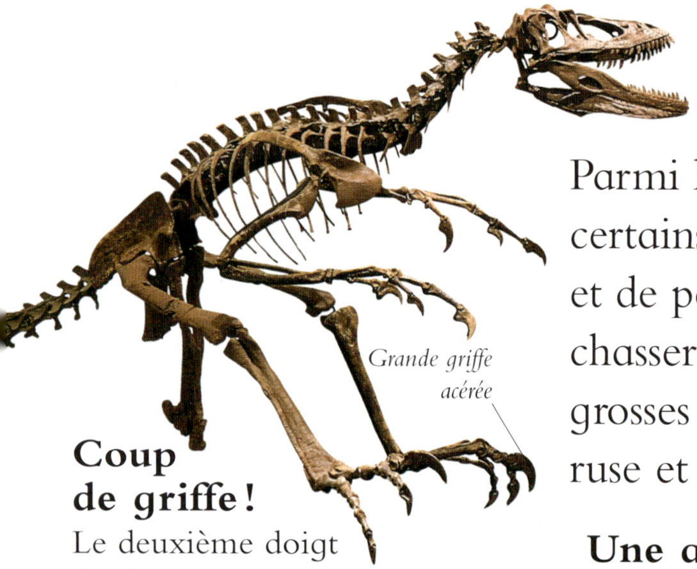

Parmi les plus petits dinosaures carnivores, certains se nourrissaient de lézards, d'œufs et de petits mammifères. Les autres devaient chasser en groupes pour capturer de plus grosses proies. Or chasser à plusieurs nécessite ruse et organisation !

Coup de griffe !

Le deuxième doigt de chaque patte arrière du vélociraptor était pourvu d'une grande griffe acérée, véritable faucille qui blessait grièvement les proies.

Une attaque groupée !

Les vélociraptors devaient se mettre à plusieurs pour isoler et attaquer leurs victimes. Équipés pour tuer, grâce à leurs griffes acérées, leurs mâchoires hérissées de dents et leur corps agile, ces dinosaures intelligents encerclaient leurs proies et les prenaient en embuscade, comme le font les lions.

Vivre ou mourir !

Tout n'est pas perdu pour ce protocératops. Son bec aiguisé peut infliger des blessures mortelles lorsqu'il charge, comme un petit rhinocéros, son ennemi.

Des voraces efficaces

Les cœlophysis vivaient et chassaient en groupes. Peu difficiles, ils sautaient sur tous les animaux qu'ils étaient capables d'avaler.

Les meutes aujourd'hui

Certains animaux chassent encore aujourd'hui comme le faisaient les vélociraptors. C'est par exemple le cas des loups.

À retenir

- Le vélociraptor devait se servir de ses pattes musclées pour piétiner les petites proies, tel le serpentaire d'Afrique, un oiseau d'aujourd'hui.
- Le cœlophysis avait des os creux. C'était un prédateur de petit poids, agile et rapide.
- Le protocératops et le vélociraptor vécurent au Crétacé.

Armés pour vivre

Pour se protéger des dinosaures carnivores comme cet énorme gigantosaure, les dinosaures herbivores possédaient un large arsenal de défense : armure osseuse, taille immense, griffes, queue fouettante, cornes…

Les peaux les plus coriaces ne résistent pas à ces longues dents pointues.

À retenir

- Nombreux étaient les petits dinosaures dépourvus d'armure : si on les attaquait, ils prenaient tout simplement la fuite !
- L'ankylosaure était couvert de plaques osseuses. Même ses paupières étaient protégées. Seul le bas-ventre était vulnérable.

Un pouce acéré

L'iguanodon était un herbivore pacifique, mais si on l'attaquait il utilisait son pouce acéré pour se défendre.

Une queue terrible

L'euoplocéphalus devait balancer sa lourde queue en massue d'un côté sur l'autre.

La queue en massue de l'euoplocéphalus était une arme dangereuse !

Un vrai fouet !

Le barosaure devait donner de grands coups de queue à ses adversaires.

Le barosaure pouvait infliger de terribles coups avec sa queue.

Des plaques osseuses fines couvraient le dos du stégosaure depuis le cou jusqu'à la queue.

Des plaques protectrices

Le stégosaure était un dinosaure énorme, aussi long qu'un camion. Sa peau très dure recouverte d'éperons et de plaques osseuses le protégeait des prédateurs.

À retenir

- Grâce à leurs descendants, comme les oiseaux et les crocodiles, il est plus facile d'imaginer la couleur de certains dinosaures.
- Les éléphants ont sans doute à peu près la même couleur de peau que les grands dinosaures herbivores.

La peau tachetée d'un animal lui permet de se fondre dans le décor.

Se fondre dans la forêt

Les grands dinosaures comme l'iguanodon devaient avoir une peau verte et écailleuse. Les prédateurs devaient avoir du mal à les repérer au milieu d'une forêt de fougères !

Le camouflage

On ignore de quelle couleur étaient les dinosaures. Cependant on imagine que, tout comme pour les animaux d'aujourd'hui, elle devait leur servir à se camoufler.

À l'affût

Certains dinosaures carnivores devaient avoir la peau écailleuse, verte ou brune. En se confondant avec leur l'environnement, ils pouvaient sauter sur leur proie, tel ce crocodile qui ressemble à un tronc d'arbre !

Le vélociraptor avait-il une peau verte comme celle de l'iguane ?

… pâle et tachetée comme celle du léopard ?

… ou bien orangée à rayures noires comme celle du tigre ?

La couleur des prédateurs

La peau du vélociraptor devait être semblable à celle du léopard. Claire, tachetée et couleur sable, elle lui aurait permis de se fondre dans un environnement désertique.

Une peau écailleuse

Les écailles des dinosaures ne se chevauchaient pas. Elles étaient les unes à côté des autres, les petites encerclant les plus grandes.

Sans doute de différentes couleurs, les écailles devaient former des motifs.

Les écailles varient en forme et en taille.

Drôle de plante !

Les lézards actuels ont, eux aussi, une peau écailleuse. Tout comme l'iguanodon, cet iguane vit au sein de la forêt tropicale dans un environnement de plantes à feuilles. Grâce à ses écailles vertes il est parfaitement caché.

Combats particuliers

Chez les animaux, le mâle le plus fort ou le plus beau a toutes les chances de conquérir la femelle. Cela devait être la même chose chez les dinosaures : on pense que certains d'entre eux s'affrontaient en de violents combats tandis que d'autres paradaient avec leurs crêtes et leurs collerettes.

La tête dure
Le pachycéphalosaure, « lézard à la tête épaisse », avait un crâne surmonté d'une grande bosse en os. Lors des combats, les mâles devaient s'en servir pour charger ou pour menacer.

Les mâles se seraient battus entre eux pour désigner le plus fort.

De violents tête-à-tête
Dans un troupeau de dinosaures, les mâles entraient sans doute en compétition pour conquérir la femelle, les plus forts étant choisis pour faire des petits. Les pachycéphalosaures devaient combattre crâne contre crâne.

À retenir

- En s'accouplant avec les mâles vainqueurs, les femelles choisissaient les pères les plus robustes pour leurs petits.
- La collerette du pentacératops était une large peau recouvrant un os percé de grands trous.
- La crête du corythosaure devait comporter d'étonnants motifs.

Quelle collerette !

La collerette des pentacératops mâles était plus grande que celle des femelles. Elle était décorative et leur aurait permis de conquérir les femelles ou d'effrayer leurs rivaux.

Un crâne à cornes

La large collerette du styracosaure, « lézard à piquants », était bordée de six cornes. Elle devait permettre aux mâles de séduire les femelles.

Les mâles rivaux devaient s'affronter avec leur corne nasale.

De beaux atours

La crête osseuse des corythosaures était creuse, ce qui leur aurait permis d'émettre des sons et de communiquer entre eux. Elle devait également être ornée de beaux motifs.

Des cornes en boucle

Comme les dinosaures, les mouflons cherchent à impressionner les femelles par leur force. Leur combat consiste à se repousser cornes contre cornes. Celui qui perd du terrain laisse la place au vainqueur.

Des œufs et des nids

Comme la plupart des reptiles, les dinosaures pondaient des œufs. Une fois sortis de l'œuf, les petits dinosaures devaient souvent se débrouiller tout seuls.

Un nid de dinosaure

De nombreux dinosaures ont pondu leurs œufs dans des nids : certains étaient de simples trous creusés dans la terre, d'autres étaient construits avec de la boue. Pour sortir de l'œuf, le petit dinosaure en brisait la coquille très fine.

Des parents protecteurs

Il y a de cela 80 millions d'années, cette femelle oviraptor est morte, couchée sur son nid. On suppose qu'elle a été étouffée par une tempête de sable en tentant de protéger sa couvée.

Les petits leaellynasaures devaient pousser des cris pour attirer l'attention de leurs parents !

À retenir

- Maiasaura signifie « lézard bonne mère », car ces dinosaures prenaient soin des petits qui venaient de naître.
- Certains œufs de dinosaures sont si minuscules qu'il est difficile d'imaginer qu'ils appartenaient à des créatures énormes !

Des familles heureuses

Pour se protéger des prédateurs, les leaellynasaures ont probablement couvé en grands groupes, comme le font aujourd'hui certains oiseaux marins. Après l'éclosion des œufs, on pense que les parents prenaient soin des petits pendant plusieurs mois.

Les parents apportaient sûrement la nourriture à leurs petits.

Dans les airs

À l'époque des dinosaures, il n'y avait pas d'oiseaux mais des reptiles volants que l'on appelle les ptérosaures. Les plus grands d'entre eux survolaient les plans d'eau à la recherche de poissons ; les plus petits, eux, se nourrissaient d'insectes.

Le géant du ciel

Le quetzalcoatlus est la plus grande créature volante de tous les temps. Il devait peser aussi lourd qu'un être humain. À la manière des voiles de planeur, de larges membranes de peau le maintenaient dans les airs.

Un immense planeur

Une fois dans les airs, le ptéranodon, reconnaissable à sa longue crête osseuse sur le crâne, se laissait planer au-dessus des mers.

Des ailes de chauve-souris

Comme les chauves-souris d'aujourd'hui, les ptérosaures possédaient une membrane de peau tendue entre leurs pattes et leurs doigts. Leur corps devait être couvert de poils.

Fendre le ciel

Le dimorphodon, ptérosaure du Jurassique, battait des ailes pour voler. Il devait raser la surface des eaux, plongeant peut-être pour attraper du poisson, comme le font les macareux.

Couvert par tous les temps

Le sordes de la fin du Jurassique était, pense-t-on, couvert d'un épais manteau de poils qui le préservait du froid. Ce qui est étonnant pour un reptile, lequel est généralement couvert d'écailles !

À retenir

- L'archéoptéryx est le premier oiseau connu. Il avait les plumes, les ailes et les os légers de l'oiseau et les dents et la queue osseuse du reptile.
- L'hoazin, oiseau ruminant, possède des griffes au bout des ailes qui lui servent à grimper aux arbres comme le faisait certainement l'archéoptéryx.
- Le vélociraptor devait pouvoir replier ses pattes avant le long du corps comme des ailes. Peut-être même avait-il des plumes…

Sous l'eau

Au temps des dinosaures, le climat était beaucoup plus chaud et il n'y avait pas d'icebergs dans les océans. Aucun dinosaure ne vivait dans l'eau, mais les mers regorgeaient d'espèces étranges et de merveilleux reptiles.

À retenir

- À l'époque des dinosaures, les océans grouillaient déjà de poissons, de crabes, de méduses et d'escargots.
- Les monstres des profondeurs étaient des reptiles, qui venaient respirer à la surface de l'eau.
- Les tortues de mer et les crocodiles ont survécu aux dinosaures et reptiles marins.

Un croiseur rapide

Ichthyosaure signifie « lézard poisson ». Ce reptile nageait comme un requin, en battant la queue. Il ne pondait pas d'œufs mais mettait son petit au monde dans l'eau, comme le dauphin.

Un chasseur redoutable

Le liopleurodon avait de puissantes mâchoires qu'il refermait d'un coup sec sur ses malheureuses victimes.

Le cou immense de l'élasmosaure atteignait 7 m de long.

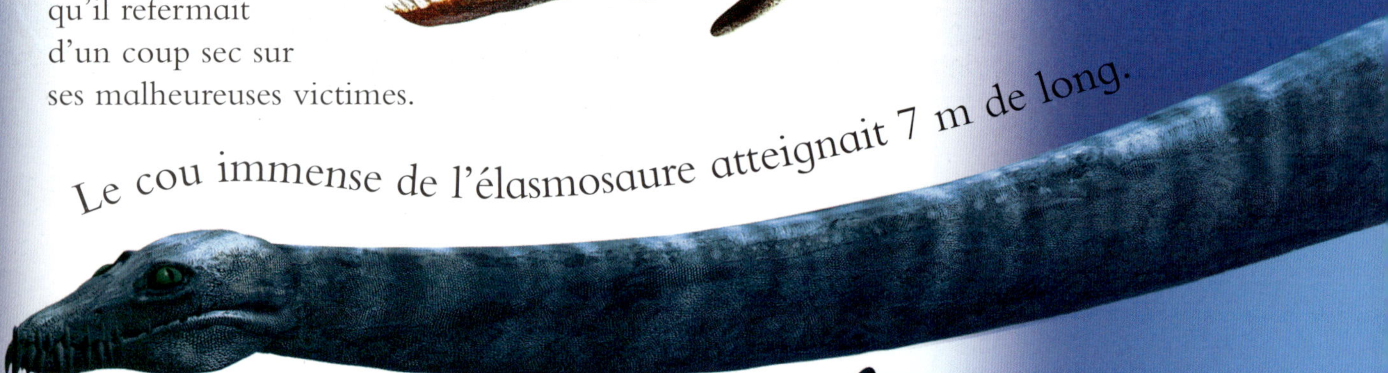

Les requins survivants

Les requins sont apparus il y a des millions d'années. Ils ont habité les océans de la Terre bien avant et après les dinosaures.

L'immense serpent des mers

L'élasmosaure avait deux paires de nageoires qu'il actionnait comme des ailes pour parcourir les océans. Les femelles pondaient probablement leurs œufs dans le sable, hors de l'eau, s'exposant alors à l'attaque des dinosaures.

Le monstre du Loch Ness

Des personnes affirment avoir vu un serpent de mer dans le lac du Loch Ness, en Écosse. La description qu'ils en font est celle d'un élasmosaure. Or, la disparition des dinosaures inclut celle des élasmosaures. Le Loch Ness étant très profond, ces personnes pensent que le monstre se cache au fond.

Intelligents ?

Une manière simple de mesurer l'intelligence est de comparer la grosseur du cerveau à celle du corps. Les dinosaures les plus malins avaient ainsi un gros cerveau, comparé à la taille de leur corps.

Cette petite tête abritait un petit cerveau.

Parmi les animaux actuels, un mammifère comme le tigre fait partie des plus intelligents.

Vraiment bête !

Les sauropodes comptaient parmi les dinosaures les moins intelligents. Ils avaient un grand corps et un minuscule cerveau dans une toute petite tête !

Viennent ensuite les oiseaux.

Le minimum vital

Le cerveau des dinosaures n'était sans doute pas aussi développé que celui de certains mammifères et oiseaux d'aujourd'hui.

Les dinosaures étaient moins astucieux que nos oiseaux.

En revanche, nos reptiles sont moins vifs que certains petits dinosaures chasseurs.

Pas si bêtes !

Les petits chasseurs comme le troodon faisaient partie des dinosaures ayant un grand cerveau, comparé à la taille de leur corps. Ils devaient mettre leur « intelligence » à profit pour pratiquer la chasse en groupe.

À retenir

- Haut comme un homme, le troodon avait de très grands yeux. Il pouvait ainsi chasser ses proies dans l'obscurité.
- Troodon signifie « dents qui blessent ». Cette créature se nourrissait de tout ce que ses griffes et ses dents déchiraient.

La fin des dinosaures

Des centaines d'espèces de dinosaures existaient il y a 75 millions d'années. Pourtant, 10 millions d'années plus tard, elles ont toutes disparu à l'exception des oiseaux, leurs descendants. Pourquoi ?

Un cratère immense

Il y a 65 millions d'années, un astéroïde géant a frappé la Terre, creusant un énorme cratère désormais enseveli dans le golfe du Mexique. L'impact a modifié considérablement le climat de notre planète. On pense que les dinosaures n'ont pas su s'y adapter car on ne trouve plus trace d'eux après cette date.

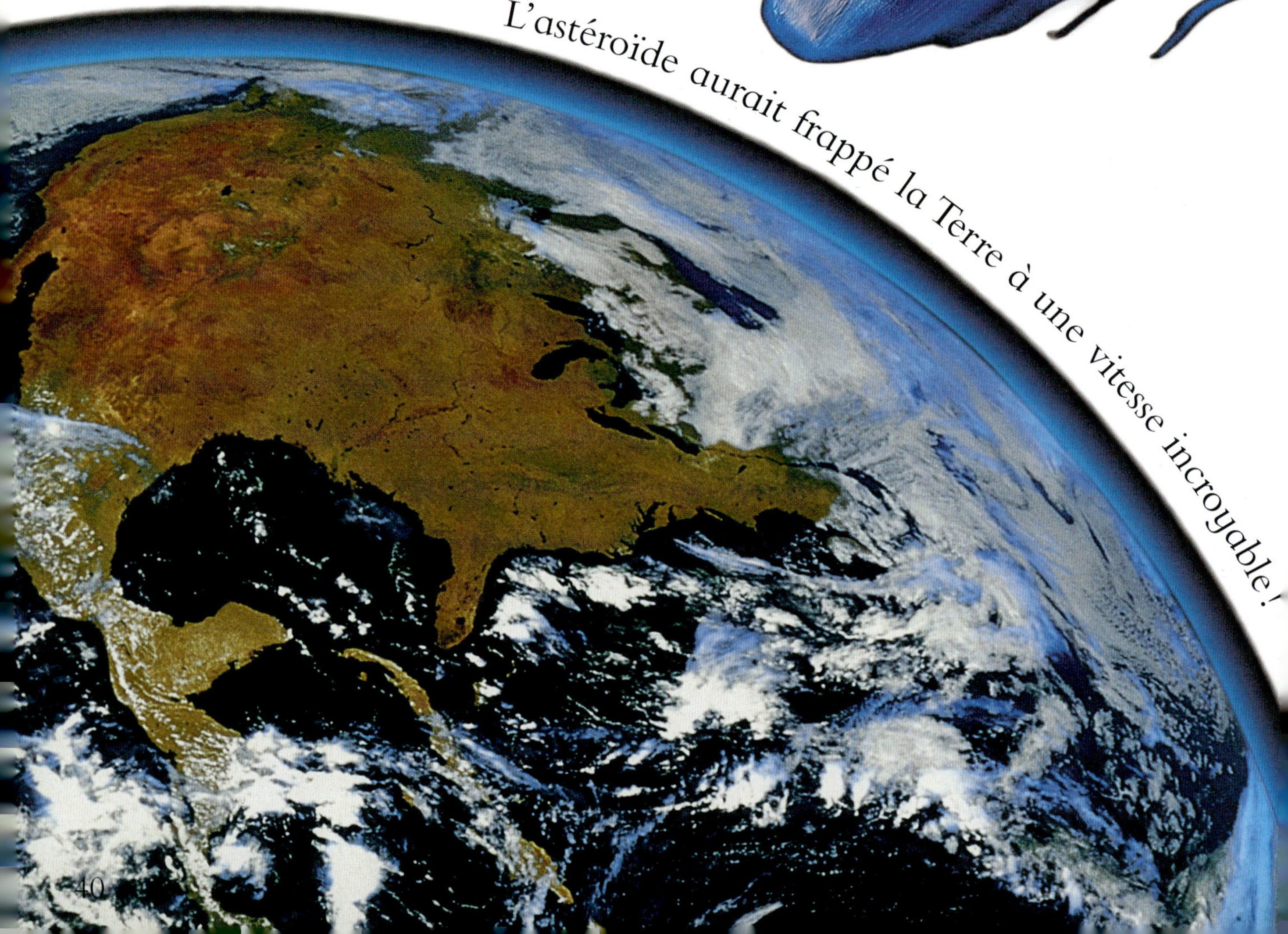

L'astéroïde aurait frappé la Terre à une vitesse incroyable !

Un impact mortel

Lors de la collision, l'astéroïde a creusé un cratère énorme, semblable à celui-ci. D'énormes nuages de poussières ont alors stoppé les rayons du soleil, plongeant la Terre dans un long hiver et détruisant la vie végétale

À retenir

- Les oiseaux actuels sont probablement les descendants des petits dinosaures à plumes.
- L'impact de l'astéroïde n'aurait pas causé la mort soudaine des dinosaures. Ceux-ci auraient disparu à cause du changement de climat.

Lorsque ce dinosaure est mort, son corps a été rapidement enseveli sous des couches de boue et de vase.

Avec le temps, les couches recouvrant le dinosaure se sont transformées en roche. Les os sont devenus incroyablement durs au bout de plusieurs millions d'années.

Après une très longue période, les mouvements de la croûte terrestre ont fait remonter à la surface le squelette du dinosaure.

Le vent et la pluie rongent petit à petit la roche. Un jour, les scientifiques découvrent les os du dinosaure et commencent à les dégager du sol.

La survie des plus résistants

Certains animaux ont bien supporté les changements climatiques de la Terre. Les scorpions, tortues, oiseaux et insectes étaient suffisamment résistants pour survivre !

Des découvertes rares

Les fossiles sont les restes d'êtres vivants qui ont existé il y a longtemps. Les fossiles de dinosaures sont des découvertes rares. On les trouve habituellement dans la roche au fond d'anciens marécages, lacs et rivières.

Les os ensevelis

Dégager les os de dinosaure est un travail délicat. Les spécialistes enlèvent doucement la roche pour mettre au jour des os vieux de millions d'années qui voient la lumière du soleil pour la première fois.

À retenir

- Les spécialistes qui découvrent et reconstituent les squelettes de dinosaures s'appellent des paléontologues.
- D'autres spécialistes cherchent des traces de feuilles dans la roche, afin d'en savoir plus sur la végétation de l'époque.
- Les excréments fossilisés permettent de savoir ce que mangeaient les dinosaures.

De vieux os précieux

Les restes fossilisés des dinosaures sont souvent enfouis dans des roches très anciennes. Le métier des paléontologues consiste, entre autres, à les rechercher. Ils trouvent parfois des os, des dents et des traces de pas… la découverte la plus excitante étant celle d'un squelette entier !

Un plâtre de protection

Les paléontologues enveloppent les os de dinosaure dans des bandes de plâtre qui durcissent. Elles protègent la surface de l'os, exactement comme un plâtre médical protège une jambe cassée.

Le nettoyage

Les os sont transportés dans un laboratoire, puis dégagés de leur plâtre. Certains, pris dans la roche, arrivent tels quels au laboratoire, où ils seront délicatement nettoyés.

Un vrai casse-tête

La reconstitution d'un squelette à partir de fragments d'os est complexe. C'est un peu comme assembler les pièces d'un puzzle sans modèle.

Deux paléontologues reconstituent ensemble un squelette de pliosaure.

Les maquettes

Reconstituer un dinosaure demande beaucoup de temps et de travail. Une fois les os fossilisés dégagés de la roche, il faut ensuite en faire des copies. Pas si simple !

Le moulage

Le spécialiste commence par enduire délicatement chaque os d'une colle liquide. Lorsque la colle est sèche, il obtient un moulage souple.

L'assemblage

Les moulages sont séparés des os, puis assemblés et recouverts de plastique pour constituer la surface externe de la copie des os.

Le moulage des os se fait en deux parties.

Remplir le moulage !

Dans les moules creux, on verse du plastique liquide qui se transforme en une mousse rigide.

La touche finale

Les moulages externes sont enlevés et il ne reste plus que les os, fidèles aux originaux. À l'aide de ces copies que l'on peint, il est possible de reconstituer un « faux » squelette pour le présenter au public !

Reconstituter le passé

La maquette d'un squelette de barosaure grandeur nature est exposée dans un musée à New York. Des tiges de métal soudées la maintiennent en position et une armature métallique lui sert de socle.

Des cordes maintiennent le squelette du dinosaure pendant qu'on le met en place.

Cette maquette de dinosaure fait plus de 15 m de haut. Elle s'élève au-dessus des visiteurs du musée.

Ce barosaure se dresse sur ses pattes arrière !

Vrai ou faux ?

Teste tes connaissances sur le monde des dinosaures. Les affirmations suivantes sont-elles vraies ou fausses ?

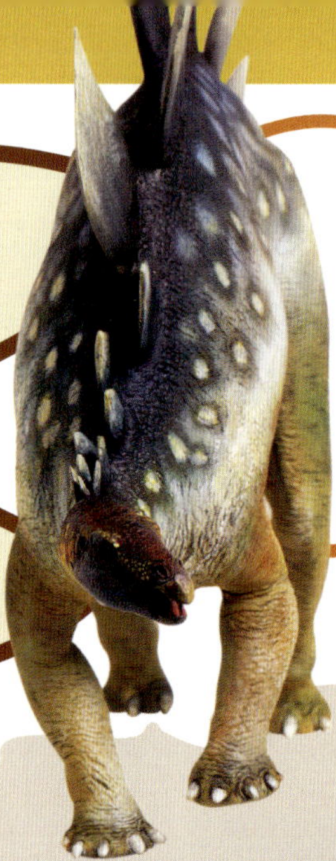

Le stégosaure était très intelligent.
Voir page 11

La collerette du pentacératops mâle servait à séduire la femelle.
Voir page 31

Ce dinosaure à bec de canard stockait de la nourriture dans son cou.
Voir page 20

Les magnolias sont apparus au Crétacé.
Voir page 13

Les cornes des dinosaures révèlent comment ils se défendaient.
Voir page 8

Les crocodiles
sont des survivants
de la préhistoire.
Voir page 4

L'herrerasaure
était un
gigantesque
dinosaure herbivore.
Voir page 6

Le gigantesque
tyrannosaure avait
jusqu'à 150 dents.
Voir page 22

La coquille
d'un œuf de dinosaure
était très fine.
Voir page 32

Tu peux savoir
si un dinosaure
était herbivore
ou carnivore d'après
son empreinte.
Voir page 17

Le vélociraptor
déchiquetait ses proies
avec ses griffes.
Voir page 24

Gare aux dinos !

Tu es perdu dans la jungle préhistorique. Faufile-toi entre les dinosaures pour arriver sain et sauf à ta hutte ! Qui sera le premier ?

Règle du jeu

De 2 à 4 joueurs

Il te faut :

- Un dé
- Des pions (un par joueur)

Découpe les pions en forme d'empreinte, ou utilise d'autres pions. Place les pions sur la case DÉPART. À tour de rôle, chaque joueur lance le dé. Avance d'autant de cases que le résultat indiqué sur le dé. Si tu atterris sur une case avec des instructions, fais ce qui est écrit. Bonne chance !

Qui suis-je ?

Connais-tu bien les dinosaures ? Tous ceux figurant ici sont dans le livre : sauras-tu identifier chacun d'eux à partir des indices ?

Mon bec aiguisé est une arme redoutable. Je charge comme un rhinocéros. Voir page 24

Je suis l'un des premiers petits mammifères. Je vivais au temps des dinosaures. Voir page 13

J'ai deux paires de nageoires que j'agite comme des ailes pour fendre l'eau. Voir page 37

Je suis le plus long de tous les dinosaures, mais je ne pèse pas plus que deux gros éléphants. Voir page 9

J'ai trois cornes pointues qui peuvent atteindre 90 cm de long. Voir page 11

Je suis un dinosaure massif, aussi long qu'un camion. Voir page 27

Mon nom signifie « dents qui blessent ». J'ai aussi de très grands yeux. Voir page 39

Protocératops

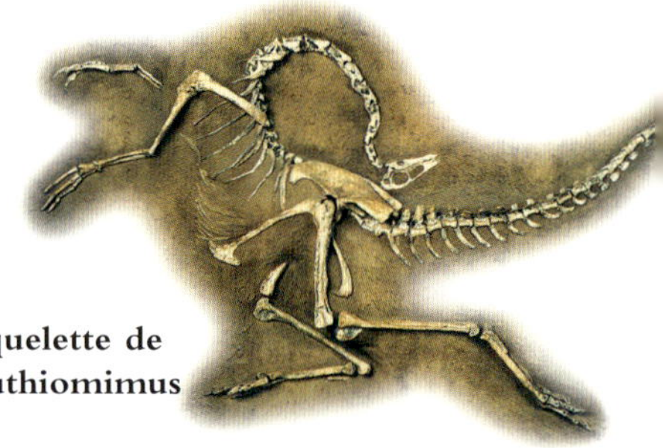
Squelette de struthiomimus

Tricératops

Tyrannosaure

Élasmosaure

Stégosaure

Hadrosaure

Mégazostrodon

Barosaure

Crâne de diplodocus

Squelette de stégosaure

Squelette de coelophysis

Troodon

Crâne de Styracosaure

Iguanodon

Gallimimus

Mon dos est surmonté de plaques osseuses. Ma queue à pointes est flexible. **Voir page 8**

Je suis l'un des plus grands dinosaures carnivores. Je peux regarder par une fenêtre située au cinquième étage. **Voir page 14**

J'ai de longues pattes pour ma petite taille. Long de 3 m, je cours très vite. **Voir page 8**

Ma longue queue me sert à me défendre contre mes ennemis. **Voir page 27**

Mon bec ressemble à celui d'un canard et j'ai plus de quarante rangées de dents. **Voir page 19**

Une copie grandeur nature de mon squelette se trouve dans un musée à New York. **Voir page 45**

J'ai une grande collerette bordée de six cornes. **Voir page 31**

J'ai des points communs avec l'autruche actuelle : une petite tête et un bec pointu. **Voir page 9**

Mon nom veut dire « à l'allure d'autruche ». J'ai un corps léger et de longues pattes. **Voir page 16**

Par-ci, par-là

Aide la femelle maiasaura à trouver ses œufs : trouve les bonnes réponses et fraye-toi un chemin dans la forêt !

Combien de dents avait le tyrannosaure ?
Voir page 22
Jusqu'à 600
Jusqu'à 60
16
Certains dinosaures fabriquaient des nids avec…
Voir page 32
de la paille.
de la boue.
du bois.
Le compsognathus avait la taille…
Voir page 14
d'une dinde.
d'une hirondelle.
d'un pigeon.
ARRIVÉE

Glossaire

Voici la définition de certains termes utilisés dans le livre.

À sang chaud dont la température du corps reste toujours constante, comme chez les oiseaux et les mammifères.

À sang froid dont la température du corps change avec l'environnement.

Astéroïde morceau de roche tournant autour du Soleil.

Bipède qui marche sur deux pattes.

Camouflage art de se déguiser en empruntant la couleur ou la forme de son habitat pour se confondre avec lui.

Carnivore animal qui mange la chair d'un autre animal.

Conifère arbre à feuilles persistantes avec graines et cônes.

Continent vaste étendue de terre de notre planète.

Crétacé dernière période de l'ère des dinosaures. Elle a commencé il y a 144 millions d'années et s'est achevée il y a 65 millions d'années.

Croûte terrestre couche rocheuse externe de la Terre.

Écailles plaques petites et minces qui protègent la peau des reptiles et des poissons.

Espèce groupe d'animaux (ou de plantes) qui ont des caractéristiques communes et qui peuvent se reproduire entre eux.

Ère époque de l'histoire de la Terre qui se divise en périodes.

Évolution tous les êtres vivants changent et se transforment sur de longues périodes. Ces changements se font peu à peu au fil des générations, et permettent aux êtres vivants de s'adapter à leur environnement.

Extinction disparition complète d'une espèce.

Fossiles restes d'être vivant ou de plante ayant existé autrefois, conservés dans la roche.

Habitat endroit dans lequel un être vivant ou une plante vit et pousse naturellement.

Herbivore qui se nourrit de plantes et d'herbes.

Jurassique deuxième période de l'ère des dinosaures. Elle a débuté il y a 206 millions d'années et s'est achevée il y a 144 millions d'années.

Mammifère animal à sang chaud ayant une colonne vertébrale et des poumons. La femelle nourrit ses petits avec le lait de ses mamelles.

Mésozoïque ère des dinosaures qui comprend les périodes du Trias, du Jurassique et du Crétacé.

Migration voyage régulier et saisonnier pendant lequel les animaux se déplacent d'un endroit à un autre pour trouver de la nourriture, un climat chaud ou donner naissance à leurs petits.

Paléontologue scientifique qui met au jour et reconstitue des squelettes de dinosaures.

Pangée continent regroupant toutes les terres hors de l'eau à l'ère primaire.

Prédateur animal qui chasse et mange d'autres animaux.

Proie créature chassée par d'autres créatures pour être mangée.

Quadrupède qui marche sur quatre pattes.

Reproduction processus par lequel un être vivant donne vie à d'autres êtres vivants de son espèce.

Reptile animal à sang froid couvert d'écailles et qui pond des œufs.

Trias première période de l'ère des dinosaures. Elle a commencé il y a 248 millions d'années et s'est achevée il y a 206 millions d'années. Les dinosaures sont apparus à la fin du Trias.

Alphabet des animaux

Les dinosaures et les animaux préhistoriques décrits dans ce livre sont tous répertoriés ici, avec leur(s) numéro(s) de page, la signification de leur nom, leurs caractéristiques et la période pendant laquelle ils ont vécu.

Autres animaux

Index

Remerciements : Dorling Kindersley remercie : John Hughes pour les illustrations numériques, Andrew O'Brien pour sa contribution artistique p. 18, ainsi que Hilary Bird, Mo Choy, Rachel Hilford et Clare Shedden.

Crédits photographiques

L'éditeur remercie les personnes suivantes de l'avoir autorisé à reproduire leurs photographies:
Abréviations: b = bas ; c = centre ; d = droite ; g = gauche ; h = haut ; p = premier-plan

American Museum Of Natural History; D Finnin 32hd; **J Beckett** 24hg; **Bruce Coleman Ltd; Bruce Coleman Inc** 16-17; **Dr Hermann Brehm** 10-11; **Gerald S Cubitt** 1hc; **Gordon Langsbury** 4hg, 5hg; **Jeff Foott** 31bd; **Jens Rydell** 22; **Jules Cowan** 6hg; **Pacific Stock** 36bc; **Tore Hagman** 2hg, 3hd, 18. **getty images stone;** 14-15; **Darryl Torckler** 37. **Dorling Kindersley; The American Museum of Natural History** 50-51bc, 51cb, 63cp (protocératops), 63cd (crâne de tyrannosaure); **Centaur Studios - modéliste** 51bg; **Graham High at Centaur Studios - modéliste** 50cd, 50cdb, 53hg, 63cb (Tête de tyrannosaure); **Institute of Geology and Palaeontology, Tubingen, Allemagne** 62cdb; **Jon Hughes** 49cd, 52cdp, 52cg, 52cb, 52bg, 52bc, 53hd, 53cp, 53cd, 53cdb, 53bg, 58bd, 59hd, 59cb, 62cdb (terrestrisuchus), 63cgp, 63cdp, 63bg; **Jon Hughes & Russell Gooday** 62hc, 62hd, 62cdp, 62bc, 62bd, 63hg, 63hc, 63cp (irritator), 63cdb; **Jonathan Hately - modéliste** 62c; **Natural History Museum, Londres** 47cd, 47cgb, 53bd, 62hg, 63cb, 63cdp, 63cgb (patte avant de baryonyx); **Naturmuseum Senckenburg, Francfort** 63cdb; **Oxford Museum of Natural History** 58hd, 58cdp, 62hg (squelette d'edmontosaure); **Peter Minister, Digital Sculptor** 47cg, 49hg, 50bc, 51hc, 59cp, 62cp, 62cgb, 63hd, 63cp, 63cgb; **Robert L. Braun - modéliste** 47hd, 63cdb (dimorphodon en vol); **Royal Tyrrell Museum of Palaeontology, Alberta, Canada** 50cdp, 62cb, 62cdb; **Senckenberg Gesellshaft für Naturforschung Museum** 51cp, 51cp (stégosaure), 58c, 58cgb, 59cd, 63c; **State Museum of Nature, Stuttgart** 51c; **Sue Donkin - modéliste** 59c; **Swedish Museum of Natural History** 58cdb; **Natural History Museum;** 17hg, 30hd, 31hd. **N.H.P.A.; Daniel Heuclin** 12, 24-25; **John Shaw** 28-29; **Kevin Schafer** 1c; **Kevin Schafer** 13bd, 26; **Martin Wendler** 4bg, 5bg, 39; **Oxford Scientific Films;** 21hd; **Daniel J Cox** 25hd; **Mark Deeble and Victoria Stone** 4bg; **Planet Earth Pictures; M & C Denis Huot** 21cgp; **Roby Braun - modelmaker** 62cg, **Royal Tyrell Museum Canada;** 9hc, 9bd, 10cb, 10c, 19bd, 39cdb; **Science Photo Library; Francois Gohier** 41hg; **Jim Amos** 42; **Julian Baum** 40hd; **Peter Menzel** 43c; **Philippe Plailly** 43hd, 43cgp; **Photo library International/ESA/SPL** 40bg; **Senekenberg Nature Museum;** 8cp, 8c, 8-9cb; **State Museum of Nature** 8hd; **Woodfall Wild Images; A Leemann** 6bc; **Alan Watson** 20, 46hg, 47hd; **Heinrich van den Berg** 17hd; **Ted Mead** 29cgp. Toutes les autres images sont de Dorling Kindersley.

Couverture: Dorling Kindersley sauf 1er plat: **©Mondolithic Studios/Novapix; shutterstock © ODM, DM7; © Raul Lunia/Novapix.** 4e de couv: **© Philippe Benoist/LookatSciences.**